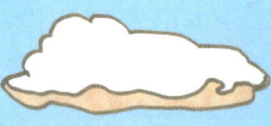

안전하고 즐거운 온라인 바른 생활

우리 반에
디지털 악당이
있다고?

초등 교과 연계

국어 〉 3학년 2학기 〉 5. 바르게 대화해요
　　　　5학년 2학기 〉 5. 여러 가지 매체 자료
　　　　6학년 2학기 〉 6. 정보와 표현 판단하기

도덕 〉 5학년 〉　　　4. 밝고 건전한 사이버 생활

안전하고 즐거운 온라인 바른 생활

우리 반에 디지털 악당이 있다고?

초판 2쇄 발행 2025년 4월 1일

글 김경희　그림 김준영
펴낸이 김동호　펴낸곳 키위북스　편집장 김태연　편집 김도연·박주원　꾸민곳 디자인 su:
주소 경기도 고양시 일산동구 중앙로 1079, 522호
전화 031-976-8235　팩스 0505-976-8234
전자우편 kiwibooks7@gmail.com
출판등록 2010년 2월 8일 제 2010-000016호

ⓒ 김경희·김준영, 2024

ISBN　979-11-91748-79-6　14300
　　　 978-89-964831-5-1　(세트)

· 책값은 뒤표지에 있습니다.
· 이 책은 저작권법에 따라 보호받는 저작물이므로 무단 전재와 무단 복제를 금지하며,
  이 책 내용의 전부 또는 일부를 이용하려면 반드시 저작권자와 키위북스의 서면 허락을 받아야 합니다.
· 잘못된 책은 바꾸어 드립니다.

 처음부터 제대로 ⑲

안전하고 즐거운 **온라인** 바른 생활

우리 반에 디지털 악당이 있다고?

글 김경희 그림 김준영

 **머리말**

편리하고 행복한 인터넷 세상, 우리 함께 만들어 가요

　인터넷 세상은 정말 신통방통해요. 궁금한 것을 물어보면 줄줄이 답글이 달리고, 사고 싶은 물건도 클릭 한 번으로 살 수 있어요. 아주 멀리 떨어진 다른 나라의 소식도 실시간으로 알 수 있고, 재미있는 게임과 하고 싶은 공부도 마음껏 할 수 있지요. 그런데 인터넷으로 인해 불편함도 많아졌다는 사실을 알고 있나요? 인터넷은 누구나 접근할 수 있고 익명으로 글을 쓸 수도 있어 모두가 자유롭게 의견을 나눌 수 있어요. 그런데 간혹 자신이 싫어하는 사람에 대한 거짓 정보를 흘리거나 일부러 남을 헐뜯는 사람도 있지요. 가짜 뉴스와 악성 댓글은 손쓸 겨를 없이 순식간에 퍼져 나가요. 참과 거짓, 잘못이 가려져도 피해자에게는 지울 수 없는 상처로 남는답니다.

　이렇듯 인터넷은 잘 사용하면 너무나도 편리하지만, 잘못 사용하면 누구나 피해를 볼 수 있어요. 이제 여러분은 인터넷이 없는 세상을 상상할 수 없지요? 그렇다면 우리 함께 인터넷 세상에서 지켜야 할 예절, '네티켓'을 잘 지켜 가며 편리하고 행복한 인터넷 세상을 만들어 보아요.

꿈과 사랑을 심어 주는 이야기꾼 김경희

차례

신통방통 인터넷 세상	8
게임이 나를 가지고 노는 것 같아!	18
친구를 아프게 하는 가짜 뉴스	26
내가 왜 그랬지?	32
누구나 피해자가 될 수 있어!	40
멋진 친구가 되는 법	50

신통방통 인터넷 세상

"소개하고 싶은 동네의 명소를 조사해 오세요. 동네에서 유명한 곳이라면 어디든 좋아요. 대신 사진도 반드시 찍어 와야 해요. 그럼, 오늘 수업은 여기서 끝!"

나는 선생님의 말씀이 끝나자마자 교실을 나왔어요.

"야, 장서준! 우리랑 안 놀고 그냥 갈 거야?"

"어! 오늘 할 일이 있어서!"

지금 나에게는 집에 빨리 가서 게임을 하는 것이 중요했어요. 오늘은 오랜만에 학원 수업이 없는 날이거든요. 게다가 엄마와 아빠가 회사 회식 때문에 늦게 오신다지 뭐예요?

'실컷 게임할 수 있겠다. 히히히.'

나는 곧장 집으로 달려가서 게임에 접속했어요. 엄마가 오시기 전까지만 할 거예요.

"서준이 왔니?"

한창 경험치를 쌓고 있는데 벌컥 하고 방문이 열렸어요. 나는 재빨리 게임 화면을 내리고 천연덕스러운 표정을 지었어요. 게임에 푹 빠져서 시간이 이렇게 흘렀는지도 몰랐어요.

"아홉 시가 넘었는데 지금까지 게임하고 있는 거야?"

엄마가 소리쳤어요.

"게임한 거 아녜요. 숙제하고 있었어요."

우리 집은 아홉 시가 넘으면 컴퓨터를 사용하지 못해요. 얼마 전에 가족이 모두 모여 정한 규칙이에요. 하지만 숙제하느라 컴퓨터를 쓰고 있다고 하면 규칙을 어겨도 혼나지 않을 것 같았어요. 나도 모르게 거짓말이 툭 튀어나왔지만 다행히 엄마는 내 말을 믿는 눈치였어요.

"숙제는 미리 했어야지. 빨리 끝내고 얼른 자야 돼."

엄마가 방문을 닫자 '휴' 하고 안도의 한숨이 새어 나왔어요.

앗, 그런데 퍼뜩 수업이 끝나기 전에 선생님이 했던 말이 떠오르지 뭐예요?

'맞다! 사회 숙제가 있었지?'

나는 재빨리 우리 동네에 있는 역사 박물관에 대한 자료를 찾기 시작했어요. 검색창에 '신비동 역사 박물관'이라는 단어를 치

고 돋보기를 클릭하자, 온갖 자료들이 줄줄 따라 나왔어요.

　인터넷 세상은 내가 아는 가장 재미나고 신통방통한 세상이에요. 언제 어디서든 궁금한 것이 생겼을 때, 검색만 해 보면 쉽게 답을 얻을 수가 있거든요. 지금처럼 숙제를 할 때도 인터넷이 없었다면 아주 귀찮았을 거예요.

　여러 자료 중 우리 동네의 유래까지 나와 있는 자료가 마음에 쏙 들었어요. 나는 인터넷 자료를 복사한 뒤, 그대로 붙여 넣기를 해서 손쉽게 숙제를 마쳤어요.

　'끝! 박물관에 가지 않아도 검색만 해 보면 이렇게 쉬운걸!'

　5분 만에 숙제를 끝낸 나는 컴퓨터를 끄고 잠자리에 들었어요. 하지만 눈을 감고 누우니 아까 미처 끝내지 못한 게임 화면이 자꾸만 아른거렸어요.

　'조금만 더 할까? 어떡하지? 한 판만 더 하면 등급을 올릴 수 있을 것 같은데.'

　슬며시 컴퓨터 앞에 다시 앉아 고민하는데, 누군가 내 방으로 다가오는 발소리가 들렸어요.

　나는 후다닥 침대 속으로 들어가 자는 척을 했어요.

아빠가 문을 열고 빼꼼 고개를 내밀었어요.

"서준이 자니?"

아빠는 내가 자는 것을 확인하고는 나가셨어요.

"컴퓨터 사 줄게. 대신 밤늦게까지 게임하면 안 돼! 약속 안 지키면 바로 컴퓨터 압수다!"

컴퓨터를 처음 샀을 때 아빠가 했던 말이 내 귀에 맴돌았어요. 휴, 정말 큰일 날 뻔했지 뭐예요? 무려 한 달이나 조른 끝에 나만의 컴퓨터가 생겼는데 게임하는 걸 들켜서 바로 뺏길 뻔했으니 말이에요.

오늘은 그만 자는 게 좋겠어요. 나는 이불을 푹 뒤집어쓴 채 뒤척이다 잠이 들었어요.

다음 날, 2교시 사회 시간이 시작되자 선생님이 칠판에 '우리 동네 명소 소개하기'라고 커다랗게 썼어요.

"숙제 다들 해 왔지요? 누가 먼저 이야기해 볼까요?"

서로 눈치를 보고 있는데 연우가 번쩍 손을 들었어요.

"연우가 어떤 걸 조사해 왔는지 발표해 볼래?"

선생님의 말에 연우는 자리에서 일어나 또박또박 자신이 조사해 온 것을 읽었어요. 누가 들어도 깔끔한 발표였어요.

"연우가 정리를 꼼꼼하게 잘했구나."

선생님의 말씀에 한별이가 연우를 향해 엄지손가락을 척 올려 보였어요.

내 짝꿍인 한별이는 내가 가장 좋아하는 친구예요. 안 그래도 한별이가 연우를 칭찬하는 모습을 보고 있자니 심술이 나는데, 그때 연우가 한별이를 향해 환하게 웃어 주지 뭐예요? 연우 저 녀석도 한별이를 좋아하는 것 같다는 생각에 초조해졌어요.

'쳇, 그깟 발표 나도 할 수 있다, 뭐!'

때마침 선생님이 또 발표할 사람이 있는지 물어보았어요. 순간, 어디에서 그런 용기가 났는지 정신을 차리고 보니 내가 손을 번쩍 들고 있었어요.

"이번에는 서준이가 발표해 보자!"

나는 씩씩한 목소리로 숙제한 내용을 읽었어요. 그런데 내용을 읽어 내려가면서 뭔가 잘못됐다는 걸 깨달았어요. 내가 읽는 내용이 연우가 발표한 내용과 똑같았어요. 아차 하던 그때 연우가 중얼거렸어요.

"어, 내 거랑 똑같네. 숙제 내용을 블로그에 올렸는데…….".

맙소사! 내가 베낀 자료가 하필 연우의 블로그에 게시된 글이었나 봐요.

순간 내가 놓친 사실을 깨달았어요. 인터넷 자료를 복사한다고 해서 그 내용이 머릿속에 그대로 입력되는 것은 아니라는 사실을 말이에요. 복사한 숙제 내용을 조금이라도 들여다봤다면 이런 어처구니없는 일은 일어나지 않았을 텐데. 나는 내 머리를 콕 쥐어박고 싶었어요.

"서준이가 연우 숙제를 베꼈나 봐."

"연우가 블로그에 숙제 올리는 거 몰랐나?"

친구들 몇이 웅성거렸어요.

선생님이 내게 다가왔어요.

"왜 숙제 내용이 똑같지? 이연우, 장서준! 노트 가져와 봐!"

선생님의 말에 가슴이 마구 벌렁거렸어요.

"너희 둘! 이 숙제 직접 한 거 맞아?"

"네, 제가 직접 조사했어요. 어제 숙제를 마치고 블로그에도

옮겼는걸요. 확인해 보시면 알 수 있어요."

연우의 당당한 대답에 결국 나는 선생님께 사실대로 말했어요. 인터넷에 있는 자료를 그대로 복사했다고요. 선생님은 엄하게 꾸짖으셨어요.

수업이 끝난 뒤, 복도에서 옆 반 수호를 만났어요.

"서준이 너, 연우 블로그 글을 훔쳤다며?"

"내가 도둑이야? 훔치긴 뭘 훔쳐?"

"연우 블로그 글을 그대로 베껴서 냈다며! 그게 훔친 거지."

수호가 다짜고짜 말하고는 교실로 쏙 들어가 버렸어요. 복도에 있던 다른 반 아이들도 나를 보며 수군거렸어요. 꼭 내 흉을 보는 것만 같았어요.

'으, 창피해! 숙제 열심히 할걸!'

내가 잘못한 걸 알면서도 연우가 미웠어요.

'이 모든 게 연우 그 녀석 때문이야!'

게임이 나를 가지고 노는 것 같아!

학원을 마치고 집에 갔더니 엄마가 놀이공원 자유 이용권을 주었어요.

"서준아! 네 생일이라고 삼촌이 선물을 보냈어. 친구한테 물어봐서 같이 가도 돼."

"우아, 내가 놀이공원 가고 싶어 하는 걸 어떻게 아셨지?"

나는 1초도 고민하지 않고 한별이에게 전화를 했어요. 한별이와 놀이공원에서 신나게 놀 생각을 하니 벌써부터 가슴이 두근거렸어요.

"한별아, 이번 주 토요일에 나랑 놀이공원 갈래? 자유 이용권이 생겼거든."

"엇, 이번 주 토요일?"

한별이가 머뭇거리며 답했어요.

"왜? 그날 무슨 일 있어?"

내가 풀이 죽어서 묻자 한별이는 미안해하며 조심스레 말을 꺼냈어요.

"나 엄마랑 한 달에 한 번 봉사 활동 하는 거 너도 알지? 그날이 이번 주 토요일이거든."

한별이의 말에 무척 실망했지만 애써 괜찮은 척했어요.

"흠, 아쉽지만 할 수 없지. 놀이공원은 다음에 같이 가자."

"응, 서준아! 이해해 줘서 고마워. 다음에 꼭 같이 놀자."

전화를 끊고 나니 기운이 쫙 빠졌어요.

'아무리 그래도 그렇지, 그날은 내 생일인데!'

할 수 없이 나는 두 번째로 바랐던 소원을 말했어요.

"엄마! 내 생일에는 피시방에서 게임 실컷 해도 되지?"

"그, 그래. 그날만이다!"

내가 속상해하는 모습을 본 엄마는 마지못해 허락했어요.

드디어 토요일이 되었어요. 피시방에 가는 내내 입에서 실실 웃음이 터져 나왔어요.

'아싸, 오늘은 꼭 등급을 올리고 말겠어!'

엄마의 허락을 받아서 거리낄 게 없으니 평소보다 게임이 잘 풀렸어요.

그런데 어떤 사람이 내게 대화를 걸어왔어요.

게임의제왕 → 야! 너 게임 제대로 해!

알지도 못하는 사람이 다짜고짜 내 게임 실력을 지적하다니, 기분이 상했어요.

너보다고수 → 네가 뭔데 제대로 하라 마라야?
게임의제왕 → 그런 식으로 게임하니까 우리 팀이 계속 지지!
너보다고수 → 나 혼자 하는 것도 아닌데 팀이 진 게 왜 내 탓이야?
게임의제왕 → 재수 없는 ××! 쓰레기!

상대방이 갑자기 나한테 욕을 퍼부었어요. 순간, 가슴이 벌렁거리면서 온몸이 부들부들 떨려 게임이 손에 잡히지 않았어요. 나는 아무 잘못도 하지 않았는데, 우리 팀이 진 게 내 잘못이라며 막무가내였어요.

얼굴도 모르는 사람한테 욕을 먹고 나니 몹시 화가 나고 기분이 나빴어요.

게임을 이어서 했지만 아까 들었던 욕설이 머릿속에 맴돌았어요. 때마침 어떤 아이가 자꾸 내 캐릭터 앞을 가로막았어요. 순간, 화가 치밀어 대화창을 열고 거칠게 항의했어요.

너보다고수 → 야! 너 왜 자꾸 내 앞을 가로막아?

강아징 → 미안! 알고 한 건 아니야.

너보다고수 → 미안하면 내 앞에서 꺼져 줄래?

강아징 → 말이 너무 심한 거 아닌가?

강아징 → 사이버상이지만 예의를 지켜 줬으면 좋겠어.

강아징 → 너도 어디에선가 피해자가 될 수도 있으니까!

너보다고수 → 쳇, 게임도 못하는 ××가 겁나 말 많네!

나는 아무 말이나 내뱉고는 게임 창을 껐어요. 게임을 하면 즐겁지만, 짜증 나고 화가 치밀 때도 많아요. 그럴 때마다 내가 게임을 하고 노는 게 아니라, 게임이 나를 갖고 노는 것 같아요.

'내가 말을 너무 심하게 했나?'

후회되고 복잡한 마음에 친구에게 온 연락이 있나 싶어 휴대폰을 켰어요. 대화 애플리케이션에 들어가 보니 친한 친구 목록 중 한별이의 프로필 사진이 바뀌어 있었어요. 노인정에서 봉사를 하고 있는 한별이의 모습이었어요.

'오늘 봉사한다더니 노인정에 갔구나!'

그런데 사진 속에 낯익은 얼굴이 보였어요! 뒤에서 신나게 노래를 부르고 있는 사람은 바로 연우였어요.

'왜 한별이가 연우랑 있는 거야?'

눈을 비비고 다시 봐도 연우가 틀림없었어요. 게다가 사진 속 날짜가 바로 오늘이지 뭐예요? 갑자기 머리를 한 대 얻어맞은 기분이었어요.

'오늘 내 생일인데! 연우랑 같이 봉사 활동 가느라 놀이공원에 못 가겠다고 한 거야? 정말 너무해!'

내 생일에 한별이가 연우와 시간을 보냈다고 생각하니 연우가 더더욱 얄미웠어요.

친구를 아프게 하는 가짜 뉴스

집으로 돌아오자마자 휴대폰에 알림음이 울렸어요. 학교 게시판에 새로운 글이 올라왔다는 알림이었어요.

'무인 문구점에서 물건을 훔친 아이를 보신 분은 제보 부탁합니다'라는 제목으로 학교 앞 무인 문구점 사장님이 올린 글이었어요. 보안용 카메라에 포착된 범인의 얼굴은 흐릿해서 알아볼 수 없었어요.

문득 며칠 전, 무인 문구점에서 나오던 연우와 마주친 기억이 났어요. 순간 내 머릿속에 말도 안 되는 나쁜 생각이 떠올랐어요.

'잘난 척 대장 이연우, 너 골탕 좀 먹어 봐라!'

우리 반 친구가 무인 문구점에서 혼자 나오는 걸 봤는데, 혹시 이 친구가 그 도둑일까? 표정도 불안해 보이고 주위를 무척 열심히 살폈어. 노래자랑에서 상도 받은 친구인데, 같은 반이니까 모른 척해 줘야겠지?

나는 곧장 학교 익명 게시판에 글을 올렸어요. 연우에 대한 정보를 슬쩍 끼워 넣었지요. 우리 학교 학생 중에 노래자랑에 나갔던 애는 연우 한 명뿐이었거든요.

곧이어 우리 반 단체 대화방 알림음이 계속해서 울렸어요.

빅 뉴스! 연우가 무인 문구점에서 학용품 훔쳤대.

봤냐?

벌써 소문 쫙 퍼짐.

정말?

경찰이 연우 잡아갔어?

도둑인 걸 들켰는데 잡혀갔겠지.

그럼 연우 학교에 못 오는 거야?

대화방에는 연우 얘기가 쏟아졌어요. 게시판에 글을 올린 지 채 십 분도 되지 않았는데 벌써 소문이 퍼져 우리 반 단체 대화방이 난리가 난 거예요. 게다가 연우는 이미 물건을 훔친 도둑이 되어 있었어요.

'설마 내가 글을 올렸다는 사실은 모르겠지? 몰라! 연우 너도 한번 당해 봐야 해!'

슬슬 걱정도 되고 찝찝한 기분이 들었지만 일단은 모른 척하기로 했어요.

월요일 아침, 웅성이는 교실에 연우가 시무룩한 표정으로 앉아 있었어요. 매일 자신감 넘치던 모습만 보다가 풀이 죽은 연우를 보려니 어쩐지 낯설었어요.

"진짜 연우가 물건을 훔쳤을까? 그렇게 안 봤는데, 정말."

친구들은 연우를 보며 수군거렸어요.

가만히 참고 있던 연우가 자리를 박차고 밖으로 나갔어요. 다들 깜짝 놀라 연우가 나간 교실 뒷문만 쳐다보았어요.

'어떡하지? 사실대로 말해야 할까?'

안절부절못하고 있는데, 갑자기 우리 반 회장인 상우가 벌떡 일어나 말했어요.

"진짜 범인이 잡혔대!"

"그걸 네가 어떻게 아니?"

"우리 아빠가 경찰인데, 누군가 경찰에 자수했다나 봐."

상우 말에 아이들이 웅성웅성 야단이었어요.

"어쩐지 나도 말이 안 되는 소리라고 생각했어!"

"하지만 누군가 연우가 문구점에서 물건 훔치는 것 봤다던데!"

"모두 가짜 뉴스야! 어젯밤에 자수한 범인은 다른 학교 학생이었대. 못 믿겠으면 학교 게시판에 들어가 봐! 문구점 아저씨가 올린 글 있어!"

상우의 말에 아이들이 머리를 긁적이며 한마디씩 했어요.

"연우, 속상하고 억울했겠다."

"그러게. 이런 헛소문이 돌다니."

"그나저나 누가 그런 가짜 뉴스를 퍼뜨린 거야?"

"우리 반 아이 아닐까?"

"맞아! 분명히 '반 친구'라고 되어 있었어."

"누가 그랬는지 찾아서 혼내 줘야 하는 거 아냐?"

아이들이 하는 소리를 듣고 있자니, 가슴이 마구 두근거리고 식은땀이 났어요.

'내가 한 짓이라는 걸 들키면 어쩌지?'

초조해진 나는 아픈 것처럼 배를 움켜쥐고 슬며시 화장실로 달려갔어요. 물론 화장실에 간 진짜 이유는 학교 익명 게시판에 내가 쓴 글을 몰래 지우기 위해서였어요.

　화장실 문을 열었는데, 안에서 이상한 소리가 들렸어요. 귀를 기울여 보니 연우가 구슬프게 훌쩍이는 소리였어요.

　나는 안으로 들어가지 못하고 문밖에서 서성거렸어요. 이렇게까지 일이 커지리라고는 미처 생각하지 못해서 연우에게 많이 미안했어요. 연우의 누명이 벗겨졌지만 내 마음은 계속 불편할 거예요.

내가 왜 그랬지?

수업이 모두 끝나고 종례 시간이 되었어요.

"이미 알고 있는 사람도 있겠지만, 한 달 뒤에 우리 학교 운동장에서 마을 축제가 열려요. 장기 자랑에 참여해서 친구들과 좋은 추억을 만들어 볼까요?"

선생님의 말이 끝나자마자, 회장 상우가 손을 번쩍 들었어요.

"선생님, 1반이랑 3반 회장이 반 대표를 뽑아서 노래와 춤 대결을 하자고 했어요!"

"그래, 우리 반 친구들과 함께 상의해 보렴."

선생님의 말에 상우가 교실 앞으로 나왔어요. 우리는 장기 자랑에 나갈 대표를 뽑는 회의를 시작했어요.

"장기 자랑에 나가서 노래하고 싶은 사람 있어? 잘하는 사람을 추천해도 돼."

상우의 말이 끝나자마자 한별이가 번쩍 손을 들었어요.

"이연우를 추천합니다. 연우는 내가 본 애들 중 제일 노래를 잘하는 아이예요."

한별이의 말에 친구들의 환호성이 터졌어요.

"그래! 노래는 연우가 하면 되겠다! 전국노래자랑에 나가서 상도 받은 적 있잖아."

"연우가 나가면 우리 반이 1등 하겠다!"

"두말하면 잔소리! 당연히 1등이지!"

그때 한별이가 한마디 더 보탰어요.

"연우는 주말에 노인정에서 노래 봉사를 하고 있어."

"정말? 연우 진짜 멋지다!"

아이들이 칭찬하자 연우는 쑥스러워했어요.

회장이 연우에게 물었어요.

"어때? 우리 반 대표로 장기 자랑에 나가 볼래?"

"그, 그러지 뭐!"

"가수 이연우! 최고로 멋져!"

연우의 대답에 누군가 소리쳤어요. 아이들의 반응을 보니 은근히 샘이 났어요.

'가수 이연우? 쳇! 노래자랑에 한 번 나갔다고 가수래! 그깟 노래 나도 할 수 있다, 뭐!'

연우를 흘깃 쳐다보며 이런 생각을 하고 있을 때였어요.

"장기 자랑에 나가서 춤출 사람 있어?"

상우의 말에 갑자기 아이들이 쥐 죽은 듯 조용해졌어요. 몇몇 아이들은 상우랑 눈이 마주칠까 봐 바닥만 쳐다봤어요.

'왜들 저래? 춤이 뭐 어렵다고, 그냥 흔들면 되는 거 아닌가?'

그러고 보니 연우가 춤을 추는 모습은 한 번도 본 적이 없었어요. 연우는 항상 반듯하게 서서 노래를 불렀거든요. 본인 말로는 자기가 타고 난 몸치여서 그렇다나요?

'잘난 이연우 코를 납작하게 만들 수 있는 절호의 기회야!'

나는 번쩍 손을 들었어요.

"저요!"

앞자리에서 친구들이 중얼거렸어요.

"서준이가 춤을 잘 췄나?"

친구들은 의아한 표정이었어요. 마찬가지로 고개를 갸웃거리는 한별이를 보니 내가 왜 그랬을까 후회됐어요. 하지만 이미 엎질러진 물이었어요.

그때 선생님이 교탁을 두드렸어요.

"자, 오늘은 늦었으니 나머지는 내일 의논하는 게 어떨까요? 내일 4교시가 좋겠네요."

선생님이 나가자 반 아이들이 우르르 연우에게 몰려갔어요. 모두 연우 곁에서 야단법석이었어요.

"우아, 연우 너 언제부터 자원봉사까지 한 거야?"

"연우는 공부도 잘하고 노래도 잘하고, 못하는 게 없어!"

"나 같으면 게임하면서 놀 텐데, 연우는 그 시간에 봉사 활동을 하고. 진짜 대단하다!"

여자아이들까지 입이 마르게 연우 칭찬을 해 댔어요. 물론 그 중에는 한별이도 끼어 있었지요.

'또 연우만 주인공이 됐네!'

반 아이들에게 둘러싸여 행복한 표정을 짓고 있는 연우를 보니 승부욕이 활활 타올랐어요.

'이번 축제에서 나도 멋진 모습을 보여 주겠어!'

그날 밤, 몰래 춤 연습을 하러 유치원 앞에 있는 작은 놀이터로 나갔어요. 그 놀이터는 유치원생들이 주로 이용하는 터라 저녁 다섯 시만 넘으면 사람이 아무도 없었어요.

휴대폰으로 요즘 친구들 사이에서 가장 인기 있는 아이돌의 안무 영상을 틀었어요. 주변에 사람이 없는지 확인한 뒤 신나는 음악에 맞춰 몸을 슬슬 움직였어요.

그런데 몸이 내 마음대로 움직이지 않았어요. 마음은 아이돌처럼 멋지게 춤을 출 수 있을 것 같은데, 아무리 영상을 느리게 재생해서 보고 또 보아도 제대로 따라 할 수조차 없었어요. 간단해 보이는 동작도 직접 해 보니 삐거덕거리며 그저 몸을 흔드는 것처럼 보일 뿐이었어요.

"너무 뻣뻣한 거 아냐? 개다리춤이라도 출까?"

유치원 때까지만 해도 개다리춤을 잘 춘다고 어른들한테 엄청

칭찬받았거든요. 그런데 너무 오랜만이라 그런지 개다리춤 동작도 제대로 되지 않았어요.

"차라리 코미디언을 따라 할까?"

나는 즉흥적으로 예능 프로그램에서 봤던 춤을 따라 추었어요. 하지만 그것 또한 내 마음대로 되지 않았어요.

그때 전화벨이 울렸어요. 엄마였어요.

"잠깐 운동하고 온다더니 왜 이렇게 안 와?"

"지금 가고 있어요."

나는 전화를 끊고 곧장 집으로 향했어요. 가는 내내 머릿속에는 춤 생각밖에 나지 않았어요.

'댄스 학원이라도 다닐까? 이런 실력으로는 도저히 장기 자랑에 나갈 수 없어!'

누구나 피해자가 될 수 있어!

다음 날, 학교에 갔더니 연우 자리에 아이들이 모여 깔깔거리고 있었어요.

"하하하, 너무 웃겨!"

"어떻게 이렇게 뻣뻣할 수 있지? 크크크."

나는 신나게 웃어 대는 아이들 사이를 비집고 들어갔어요. 궁금한 건 참을 수가 없었거든요.

"무슨 일 있어?"

아이들은 인터넷에서 동영상을 보고 있었어요.

고개를 쑥 내밀고 들여다보니 '신비초 장 아무개의 충격적인 춤 실력'이라는 제목의 영상이었어요. 일어날 듯 앉을 듯 엉거주춤한 자세로 몸을 흔들고 다리를 마구 떠는 모습이 너무나도 우스꽝스러웠어요.

깜깜한 밤이라 얼굴은 보이지 않았지만, 나는 단번에 신나게 다리를 떨고 있는 그 사람이 나라는 것을 알아보았어요. 누군가 어젯밤에 내가 놀이터에서 춤 연습을 하던 모습을 찍어서 인터넷에 올렸나 봐요.

'누가 찍어서 올린 거지? 분명 아무도 없었는데!'

나는 몹시 황당하고 창피했어요.

"우스운 자기 모습이 인터넷에 떠돌면 기분이 어떨까?"

"끔찍하겠지! 이렇게 이상한 모습이 찍힌 동영상을 전 국민이 다 본다고 생각해 봐."

"한국에 있는 사람만 보겠어? 세계 사람들이 다 보겠지."

아이들이 낄낄거리며 수다를 떨었어요.

거기까지는 생각 못했기 때문에 뒤통수를 한 대 얻어맞은 기분이 들었어요.

'빨리 동영상을 없애야 해!'

나는 곧장 게시물에 신고 버튼부터 눌렀어요.

수업 시간 내내 허락도 없이 마음대로 동영상을 올린 사람이 누구인지, 그 생각만 머릿속에 가득했어요. 영상의 주인공이 나라는 걸 아무도 모른 채 해결되기를 바랐지요.

그런데 3교시 수업이 끝나고 쉬는 시간에 한별이가 내 귀에 조용히 소곤거렸어요.

"학교 익명 게시판에 들어가 봐! 네 이야기가 올라와 있어."

한별이의 말에 놀란 나는 바로 휴대폰을 켰어요.

게시판에 '장서준, 최강 몸치 박제되다'라는 제목으로 동영상이 한 개 올라와 있었어요.

누군가 동영상을 내려받아 학교 게시판에 옮긴 거예요.

결국 반 친구들 모두 뻣뻣하게 춤을 추던 동영상 속 주인공이 나라는 사실을 알게 되었어요.

"진짜 서준이 너 맞아?"

한별이가 놀란 눈으로 물었어요.

나랑 제일 친한 한별이도 동영상 속 아이가 나라는 사실을 잘 모르는데, 도대체 누가 나인 걸 알았을까요? 깜깜한 밤이라 누군지 알아보기 힘든 영상인데 말이에요.

동영상 아래로 수많은 댓글이 보였어요.

상남자	2반 대표로 장기 자랑 나가 춤춘다는 애 맞지!
세리공주	이런 실력으로 춤을 춘다고? 꼴등 확정이네!
낯선사람조심	우아, 넘 뻣뻣하다. 아니 뻔뻔한가? ㅋ
자전거박사	살다 살다 이렇게 춤 못 추는 사람 처음 봄.
황제펭귄	헐! 저 춤을 축제에서 춘다고? 2반 망신 아님?

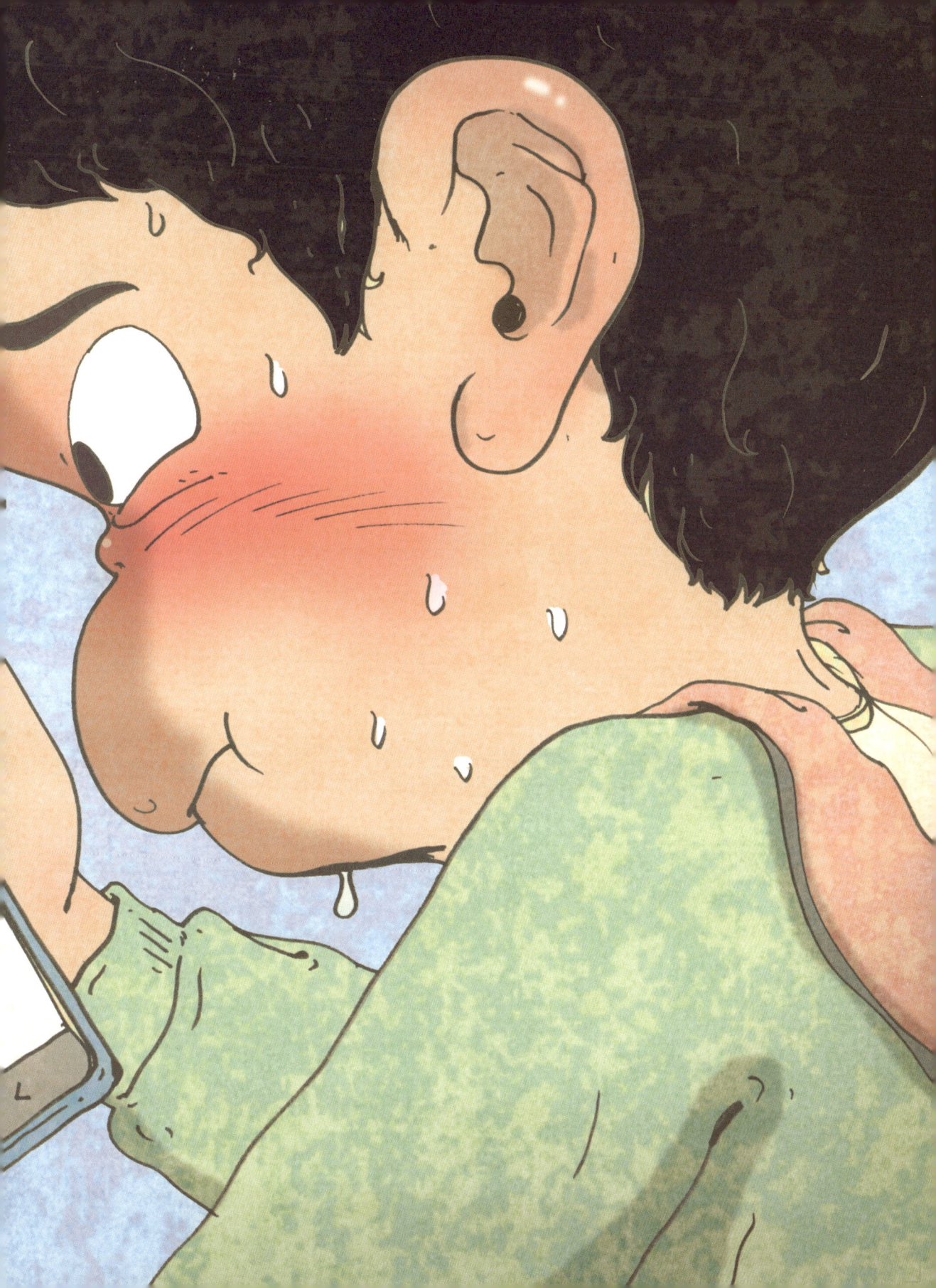

댓글을 읽다 보니 어안이 벙벙했어요. 어쩌면 댓글이 이렇게 안 좋은 내용들로 가득할까요? 적어도 한 명 정도는 내 편을 들어줄 줄 알았어요. 아무도 춤추겠다는 사람이 없을 때 내가 나섰으니 말이에요.

솔직히 동영상을 보고 아이들이 재밌어할 줄 만 알았지, 이렇게 악성 댓글이 달릴 줄은 꿈에도 몰랐어요. 속상함이 울컥 차오르고 얼굴이 화끈거렸어요.

'왜 저런 악성 댓글을 쉽게 다는 거지? 욕하는 게 재밌나? 정작 내 앞에서는 아무 말도 못하면서, 인터넷에 숨어서 치사하게 굴다니! 다들 나빠!'

문득 연우 생각이 났어요. 나도 모르게 눈물이 핑 돌았어요.

'연우는 나보다 더 속상했겠지? 도둑이라는 누명까지 썼잖아.'

때마침 4교시 수업이 시작되었어요. 4교시는 '창의적 체험 활동' 시간이었어요. 선생님은 어제 약속한 대로 우리 반 아이들이 마을 축제에서 무엇을 할지 의논할 시간을 주었어요.

"어제 오후에 다른 반 회장들이랑 얘기해 봤는데, 장기 자랑 종목을 정하지 말자고 했어. 너희들 생각은 어때?"

회장 상우의 얘기에 너도나도 의견을 냈어요.

"종목을 정하지 않으면 대결이 아니잖아!"

"원래는 노래랑 춤을 한다며. 우리 반에 가수가 있는데?"

"춤은 안 돼!"

갑자기 수아가 큰 소리로 외쳤어요. 아무도 묻지 않았는데 수아가 나를 쳐다보며 말했어요.

"너희들도 다 봤잖아! 서준이 춤 실력! 그런데 우리 반 대표로 서준이가 나가면 어떻게 되겠어?"

"춤은 다른 애가 나가면 되잖아!"

"어제 못 봤어? 아무도 안 하려고 하는 거! 너희들 중에 마을 축제에 나가서 춤추고 싶은 사람 있어?"

수아는 이렇게 말하며 주변을 둘러보았어요. 누구도 자신이 춤을 추겠다고 나서지 않았어요.

"춤은 장기 자랑에서 빼자."

수아가 멋대로 하는 말에 화가 치밀어 올랐어요. 그래도 수아와 친하다고 생각했는데, 친구들 앞에서 내 이야기를 저렇게 떠들다니 너무 실망스러웠어요.

"누구 마음대로 춤을 장기 자랑에서 빼자는 거야? 내가 한다고 말했잖아!"

나는 화가 나서 소리쳤어요.

"장서준, 농담이지? 그 춤 실력으로 동네 사람들이 다 보는 무대에서 다른 반이랑 대결을 한다고?"

"처음부터 잘하는 사람이 어딨어? 지금부터 연습하면 되지. 나 꼭 장기 자랑 나가고 싶단 말이야."

"장서준, 이건 그냥 장기 자랑이 아니라 반 대결이야!"

수아의 말에 나는 아무 말도 할 수가 없었어요.

그때였어요. 연우가 조용히 입을 열었어요.

"서준이 말대로 한 달이면 충분히 춤을 잘 출 수 있을 거라고 생각해. 나도 처음부터 노래를 잘하지는 않았어. 연습하고 또 연습해서 지금처럼 잘할 수 있었던 거지. 물론 지금도 완벽하지는 않지만 말이야."

연우의 말에 슬금슬금 눈치만 보던 몇몇 아이들이 내 편을 들기 시작했어요.

"나도 연우 생각이랑 같아."

"나도! 어차피 서준이 말고는 춤춘다는 사람 한 명도 없잖아."

"맞아! 서준이를 빼자는 사람이 직접 춤을 춰 보던가."

아이들의 말에 수아도 어쩔 수 없다는 듯 한숨을 쉬더니 조용히 자기 자리에 앉았어요.

결국 내가 우리 반 대표로 춤을 추기로 결정되었어요. 비가 쏟아질 듯한 날씨에도 내 기분은 최고였어요.

'두고 봐! 열심히 연습해서 멋진 춤을 보여 주고 말 거야.'

멋진 친구가 되는 법

쏴아아, 갑자기 소나기가 내렸어요. 아이들이 소리를 지르며 교문을 향해 뛰어갔지만, 나는 멍하니 서 있었어요.

그때 누군가 내 옆에 섰어요. 연우였어요.

"좀 있으면 비가 그치겠지?"

연우가 가만히 말을 걸었어요.

"응, 소나기인 것 같아."

우리는 잠시 아무 말도 없이 운동장만 쳐다보았어요. 어색한 분위기에 내가 먼저 말을 꺼냈어요.

"연우야, 아까는 고마웠어."

"고맙긴, 다 사실인걸. 노래나 춤이나 연습을 많이 하면 누구든 실력이 느니까."

연우가 빙그레 웃으며 나를 쳐다보았어요.

연우의 말을 들으니 내가 무슨 짓을 한 건지 후회됐어요. 연우에게 사과하고 싶다는 생각이 들었어요.

"연우야, 며칠 전에 게시판에 너에 대한 가짜 소문을 올린 사람, 나였어. 정말 미안해."

연우가 놀란 눈으로 나를 바라보았어요.

"정말 네가 그랬어?"

"사실 부러워서 그랬어. 너는 노래도 잘하고, 발표도 잘하고, 모두 너를 좋아하잖아. 그런데 나도 일이 그렇게 커질 줄 몰랐어. 그래서 겁이 나서 게시판 글을 지웠는데……."

"그랬구나……. 솔직히 많이 속상했어. 그래도 이렇게 얘기해 줬다는 건 앞으로는 그러지 않을 거라는 거니까. 괜찮아."

연우의 대답을 들으니 더욱 미안한 마음이 들었어요.

"미안해, 가짜 소문 때문에 기분 나빴을 것 같아."

"응, 글에 달린 악성 댓글도 정말 마음 아팠어. 다들 얼굴 보고 못 하는 말들을 댓글로는 너무 쉽게 해."

우리는 한참 동안 아무 말 없이 그 자리에 서 있었어요.

"학원 곧 시작하는데 이러다 늦겠다."

"우리 같이 뛸까?"

내 말에 연우가 고개를 크게 끄덕였어요.

우리는 둘이 함께 교문을 향해 뛰다가 내친김에 학원까지 같이 뛰어갔어요.

잠시 뒤, 학원에 도착한 우리는 서로를 보며 깔깔댔어요.

"야, 이연우, 너 꼭 물에 빠진 생쥐 같아!"

"서준이 너도 그렇거든!"

"그럼 우리는 생쥐 형제인가?"

"뭐? 하하하!"

우리는 한참 동안 웃음보가 터진 듯 웃어 댔어요.

그날 이후, 열심히 연습을 했지만 역시 짧은 시간 안에 완벽하게 춤을 추기는 부리였나 봐요. 무려 일주일을 연습했는데도 몸치를 탈출하지 못했어요. 그렇다고 장기 자랑에 안 나갈 수도 없었어요. 이미 친척들에게까지 모두 소문을 냈거든요.

춤 때문에 고민하고 있는데, 연우가 내게 다가왔어요.

"왜? 잘 안돼?"

"몸치는 고칠 수 없는 건가 봐! 축제가 코앞인데 포기할 수도 없고 어쩌지?"

"뭘 고민해! 이럴 때 필요한 게 바로 합동 작전 아니겠어?"

연우의 말에 나는 눈을 동그랗게 떴어요.

"무슨 합동 작전?"

"나는 노래하고 너는 백댄서 하는 거 어때?"

"백댄서라면 네 뒤에서 춤을 추라는 거야? 에이, 나 혼자 어떻게 백댄서를 해?"

"너 혼자가 아냐! 몇 명 더 있어."

연우가 이렇게 말하며 씩 웃어 보였어요.

알고 보니 우리 반 아이들 여러 명이 혼자 춤을 추긴 부끄러워도 연우 뒤에서 다 같이 백댄서를 하는 건 좋다고 했나 봐요. 나로서는 반대할 이유가 없었어요.

"좋아!"

그날부터 우리는 매일 저녁 놀이터에 모여 춤 연습을 했어요. 함께하니 훨씬 재미있고 시간도 빨리 지나갔어요.

드디어 마을 축제 날이 왔어요. 이른 아침부터 운동장에는 현수막이 걸렸어요. 다양한 체험 부스마다 마을 사람들과 학생들로 발 디딜 틈이 없었지요.

얼마 지나지 않아 장기 자랑이 시작되었어요. 첫 번째 무대는 우리 반에서 준비한 공연이었어요.

"3학년 2반 멋지다!"

"연우 화이팅! 서준이 화이팅!"

친구들의 응원 소리와 함께 우리는 무대에 올랐어요. 연우가 노래를 부르며 실력을 뽐냈어요. 나와 친구들은 연우 노래에 맞추어 연습한 대로 열심히 춤을 추었어요.

태어나서 처음 서 본 무대라 엄청나게 떨렸어요. 하지만 친구

들과 함께라서 공연을 무사히 마칠 수 있었어요.

　3학년 장기 자랑 대결은 어떻게 되었냐고요? 모두가 기대했던 것처럼 연우가 1등을 했어요. 아니, 연우와 우리는 같은 팀이니까 우리 팀이 1등을 했어요!

　마을 사람들은 모두 신나게 축제를 즐겼어요. 어른들은 특히 우리들의 앙증맞은 춤과 노래 공연을 좋아해 주었어요.

　이제 해마다 축제가 열린다니 내년에는 꼭 댄싱 킹에 도전해 봐야겠어요.

인터넷 예절이 뭐예요?

인터넷은 누구나 접근할 수 있는 공간이기 때문에 손쉽게 정보를 얻을 수 있어요. 그만큼 우리의 생활이 아주 편리해졌지만 간혹 불편함과 거부감을 주기도 해요. 연예인이나 스포츠 스타가 악성 댓글로 피해를 당했다는 뉴스를 읽은 적 있지요? 악성 댓글을 경험한 사람들은 생활이 어려울 만큼 엄청난 고통을 겪는다고 해요.

최근에는 다양해진 SNS와 웹사이트로 인해 사람들이 소통할 수 있는 사이버 공간이 크게 늘어났어요. 이러한 공간에서는 자신이 누군지 드러 내지 않고도 의견을 표현할 수 있기 때문에 책임감 없이 욕을 하고, 혐오 표현을 사용하고, 인신공격을 하는 일이 많아졌어요.

이런 일을 방지하고 인터넷을 올바르게 사용하기 위해서는 '인터넷 예절'을

잘 지켜야 해요. 미국 플로리다대학교 교수 버지니아 셰어는 인터넷 예절 수칙 열 가지를 제시했어요. 어떤 것들이 있는지 알아볼까요?

① 상대방도 나와 같은 인간임을 기억합니다.
② 실제 생활에서와 같은 기준과 규칙을 지키며 행동합니다.
③ 현재 자신이 접속해 있는 곳의 특성과 문화에 맞게 행동합니다.
④ 다른 사람의 시간을 존중합니다.
⑤ 온라인상에서도 좋은 이미지를 유지하도록 합니다.
⑥ 전문적인 지식을 공유합니다.
⑦ 논쟁 시 감정을 절제해야 합니다.
⑧ 다른 사람의 사생활을 존중합니다.
⑨ 자신의 권력을 함부로 사용하지 않습니다.
⑩ 다른 사람의 가벼운 실수를 용서합니다.

개인 정보가 뭐예요?

인터넷 사용이 보편화되면서 개인 정보와 관련된 범죄가 사회적으로 큰 문제가 되고 있어요. 개인 정보란 개인의 신체, 주소, 연락처, 재산, 사회적 지위 등 '나'에 대해 알 수 있는 모든 정보를 말해요.

'신상 털기'라는 말을 들어 보았나요? '신상 털기'란 누군가의 개인 정보를 허락 없이 인터넷에 공개하는 것을 말해요. 요즘은 일반인을 대상으로 하는 개인 정보 유출 문제가 빈번하게 일어나고 있어요. 과거와는 달리 인터넷으로 금융 거래를 하는 일이 많기 때문에 개인 정보가 범죄에 악용된다면 심각한 피해를 입을 수 있어요. 그럼, 개인 정보는 어떻게 보호해야 할까요?

① 아이디, 비밀 번호, 전화 번호, 이름, 사진, 주소 등과 같은 개인 정보를 모르는 사람에게 알려 주거나 온라인에 함부로 올려서는 안 돼요.

② 인터넷에 사진을 올릴 때는 신중하게 올려야 해요. 특히 다른 사람의 사진을 올릴 때는 허락을 구해야 해요.

③ 안전한 웹사이트에만 가입하고, 개인 정보 제공 동의를 요구할 때는 동의 내용을 꼼꼼히 확인해요.

④ 인터넷에서 함부로 파일을 다운받고 프로그램을 설치해서는 안 돼요. 설치한 뒤에는 바이러스가 있는지 검사해요.

⑤ 웹사이트의 비밀번호는 영문과 숫자, 특수 문자를 골고루 사용하여 만들고 주기적으로 변경해야 해요.

⑥ 여러 사람이 함께 사용하는 컴퓨터를 사용한 뒤에는 꼭 로그아웃한 뒤 전원을 꺼야 해요.

⑦ 피시방과 같은 공공장소에서는 물건을 사거나 게임 머니를 충전하지 않아요. 되도록이면 안전한 개인 컴퓨터, 또는 본인 휴대폰으로 해요.

⑧ 개인 정보가 유출되었다면 해당 사이트에 삭제를 요청하고, 처리되지 않을 경우 즉시 개인정보침해신고센터에 신고해요.

사이버 폭력이 뭐예요?

사이버 폭력이란 사이버 공간에서 가해지는 폭력을 말해요. 보통 폭력이라고 하면 신체적인 폭력을 생각하겠지만, 사이버상에서의 폭력은 여러 형태를 띠고 있어요. 다른 사람의 사진이나 동영상 등 개인 신상 정보를 유포하는 행위, 인터넷상에서 상대방을 험담하는 행위, 대화방에서 단체로 특정 개인을 따돌리고 괴롭히는 행위 등이 있어요. 사이버 폭력의 종류를 더 자세히 알아 볼까요?

① **사이버 언어폭력** 대화방, 인터넷 게시판 등 사이버 공간에 비방글, 악성 댓글, 욕설 등을 올리는 행위.

② **사이버 명예 훼손** 사이버 공간에서 상대를 비하할 목적으로 사실 또는 거짓을 말하여 명예를 떨어뜨리거나 인격을 침해하는 행위.

③ **사이버 스토킹** 사이버 공간에서 원하지 않는 문자, 사진, 동영상을 반복적으로 보내 상대방에게 공포심이나 불안감을 주는 모든 행위.

④ **개인 정보 유출** 상대방의 동의 없이 사생활 및 개인 정보를 전송 및 유포하여 괴롭히는 행위.

⑤ **사이버 따돌림** 사이버 공간에서 특정 상대를 대화에 참여하지 못하게 하거나 대화방에서 퇴장하지 못하게 하는 것과 같은 모든 행위.

⑥ **사이버 갈취 및 강요** 와이파이 셔틀, 게임 머니 요구 등 사이버상의 재

산을 빼앗는 행위.

⑦ **사이버 사칭** 다른 사람을 사칭하여 타인에게 메시지를 보내거나 SNS에 게시글을 올리는 행위.

그렇다면 사이버 폭력을 예방하고 이에 대처하는 방법을 알아볼까요? 우선 누군가 사이버 폭력을 행사할 때는 바로 대응하지 말고 부모님이나 학교, 경찰 등에 도움을 요청해요. 또 모르는 사람의 쪽지나 대화 신청은 거절하고 정확하지 않은 정보는 함부로 게시하거나 유포하지 않아요. 사이버 공간에서도 바른 언어를 사용하고 예절을 지키면서 다른 사람의 개인 정보를 소중하게 생각해야 해요.

저작권이 뭐예요?

저작권이란 소설이나 음악, 미술 등과 같은 창작물에 관해 저작권자가 가지는 권리를 말해요. 저작권자는 창작물을 만든 사람으로 저작권법에 따라 창작물에 대한 권리를 인정받고 보호받지요.

저작권자의 허락 없이는 창작물을 배포하거나 모방하거나 가공하는 등 마음대로 사용할 수 없어요. 우리나라의 경우 저작물은 저작자가 사망한 뒤 70년까지 저작권법의 보호를 받고 있어요.

저작권을 잘 지키기 위해서는 어떻게 해야 할까요? 먼저 저작권자가 제시한 저작권 표시를 살펴보고 그에 맞게 창작물을 이용해요. 무료 사용이 가능한 이미지, 음원, 동영상 등은 출처를 밝히고 사용하면 돼요. 만약 무료로 사용할 수 없는 저작물들이라면 정품을 구입하거나 구독하여 사용해요.

진짜 정보와 가짜 정보를 구별하는 것도 중요해요. 인터넷은 누구나 글을 올릴 수 있어 엉터리 정보가 많기 때문에 출처가 명확한지, 작성자가 믿을 만한지, 꼼꼼하게 사실 여부를 확인해야 해요.

저작권자는 사람들이 자신의 저작물을 자유롭게 이용할 수 있도록 미리 허락하기도 해요. 이때 저작권자가 표시한 자유 이용 허락 조건을 살펴보면 저작물을 어떻게 이용해야 하는지 알 수 있어요.

저작권 정보 표시 저작권자 및 출처, 자유 이용 허락 표시(CC)만 한다면 제한 없이 자유롭게 이용할 수 있어요.

비영리 돈을 벌기 위한 목적으로 사용할 수 없으며, 이러한 목적으로 사용하려면 저작권자와 별도의 계약이 필요해요.

변경 금지 저작물을 변경하거나 저작물을 이용하여 새롭게 제작하는 것을 금지해요.

동일 조건 변경 허락 저작물을 이용하여 새롭게 제작하는 것은 허용하되, 새로운 저작물에 기존 저작물과 동일한 자유 이용 허락 조건을 적용해야 해요.

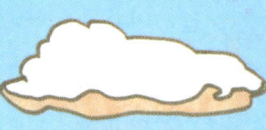